_____

"The best
thing about
the future
is that it comes
one day at
a time."

—ABRAHAM LINCOLN

POTTER STYLE

Cover and interior design by Jenny Kraemer

Copyright © 2014 by Potter Style, an imprint of the

Crown Publishing Group, a division of Random House LLC.

All rights reserved. Published in the United States by Potter Style,

an imprint of the Crown Publishing Group, a division of Random House

LLC, a Penguin Random House Company, New York.

Potter Style is a trademark and Potter with colophon is a

registered trademark of Random House LLC.

www.crownpublishing.com

www.potterstyle.com

ISBN: 978-0-8041-8568-4

Printed in China

10 9 8 7 6 5 4 3 2 1

First Edition

AUGUST

What are you most looking forward to
about starting school again?

1

20 ___ • _____

_____

_____

_____

_____

20 ___ • _____

_____

_____

_____

_____

20 ___ • _____

_____

_____

_____

_____

20 ___ • _____

_____

_____

_____

_____

AUGUST

What was your favorite day this summer?

20 ___ • _____
_____
_____
_____
_____

20 ___ • _____
_____
_____
_____
_____

20 ___ • _____
_____
_____
_____
_____

20 ___ • _____
_____
_____
_____
_____

AUGUST

What was the last show or concert
you went to?

3

20 ___ • _____

_____

_____

_____

_____

20 ___ • _____

_____

_____

_____

_____

20 ___ • _____

_____

_____

_____

_____

20 ___ • _____

_____

_____

_____

_____

AUGUST

When was the last time you were on
an airplane?

20 ___ • _____

_____

_____

_____

_____

20 ___ • _____

_____

_____

_____

_____

20 ___ • _____

_____

_____

_____

_____

20 ___ • _____

_____

_____

_____

_____

What can you smell right now?

20 __ • _____

_____

_____

_____

_____

20 __ • _____

_____

_____

_____

_____

20 __ • _____

_____

_____

_____

_____

20 __ • _____

_____

_____

_____

_____

AUGUST

Write five words to describe your
state of mind.

20 ___ • _____

_____

_____

_____

_____

20 ___ • _____

_____

_____

_____

_____

20 ___ • _____

_____

_____

_____

_____

20 ___ • _____

_____

_____

_____

_____

AUGUST

7

What's the most recent photo on your camera roll?

20 ___ • _____

_____

_____

_____

_____

20 ___ • _____

_____

_____

_____

_____

20 ___ • _____

_____

_____

_____

_____

20 ___ • _____

_____

_____

_____

_____

AUGUST

Who do you confide in?

20 ___ • _____

_____

_____

_____

_____

20 ___ • _____

_____

_____

_____

_____

20 ___ • _____

_____

_____

_____

_____

20 ___ • _____

_____

_____

_____

_____

AUGUST

Write down the last text message
you sent.

20 ___ • _____

_____

_____

_____

_____

20 ___ • _____

_____

_____

_____

_____

20 ___ • _____

_____

_____

_____

_____

20 ___ • _____

_____

_____

_____

_____

AUGUST

What's the balance in your
checking account today?

20 _____ • _____

_____

_____

_____

_____

20 _____ • _____

_____

_____

_____

_____

20 _____ • _____

_____

_____

_____

_____

20 _____ • _____

_____

_____

_____

_____

AUGUST

Who gets you ?

11

20 ___ • _____

_____

_____

_____

_____

20 ___ • _____

_____

_____

_____

_____

20 ___ • _____

_____

_____

_____

_____

20 ___ • _____

_____

_____

_____

_____

12

AUGUST

What's your resolution
for tomorrow?

20 ___ • _____

_____

_____

_____

_____

20 ___ • _____

_____

_____

_____

_____

20 ___ • _____

_____

_____

_____

_____

20 ___ • _____

_____

_____

_____

_____

AUGUST

What was the best meal you ate this week?

13

20 ___ • _____

_____

_____

_____

_____

20 ___ • _____

_____

_____

_____

_____

20 ___ • _____

_____

_____

_____

_____

20 ___ • _____

_____

_____

_____

_____

AUGUST

When did you last go to the beach?

20 ___ • _____

_____

_____

_____

_____

20 ___ • _____

_____

_____

_____

_____

20 ___ • _____

_____

_____

_____

_____

20 ___ • _____

_____

_____

_____

_____

AUGUST

15

What do you like best about
your body today?

20 ___ • _____

_____

_____

_____

_____

20 ___ • _____

_____

_____

_____

_____

20 ___ • _____

_____

_____

_____

_____

20 ___ • _____

_____

_____

_____

_____

AUGUST

What was the last cause you felt
passionate about?

20___ • _____

_____

_____

_____

_____

20___ • _____

_____

_____

_____

_____

20___ • _____

_____

_____

_____

_____

20___ • _____

_____

_____

_____

_____

AUGUST

17

What makes you unique?

20 ___ • _____
_____
_____
_____
_____

20 ___ • _____
_____
_____
_____
_____

20 ___ • _____
_____
_____
_____
_____

20 ___ • _____
_____
_____
_____
_____

AUGUST

When do you leave for school?
How will you get there?

20 ___ • _____

_____

_____

_____

_____

20 ___ • _____

_____

_____

_____

_____

20 ___ • _____

_____

_____

_____

_____

20 ___ • _____

_____

_____

_____

_____

AUGUST

Who are you going to live with
this year?

19

20 ___ • _____

_____

_____

_____

_____

20 ___ • _____

_____

_____

_____

_____

20 ___ • _____

_____

_____

_____

_____

20 ___ • _____

_____

_____

_____

_____

AUGUST

Is there one last summertime
thing you want to squeeze in?

20 ___ • _____

_____

_____

_____

_____

20 ___ • _____

_____

_____

_____

_____

20 ___ • _____

_____

_____

_____

_____

20 ___ • _____

_____

_____

_____

_____

AUGUST

Do you need a cold shower?

21

20 ___ • _____

_____

_____

_____

_____

20 ___ • _____

_____

_____

_____

_____

20 ___ • _____

_____

_____

_____

_____

20 ___ • _____

_____

_____

_____

_____

AUGUST

What can't you forget?

20___ • _____

_____

_____

_____

_____

20___ • _____

_____

_____

_____

_____

20___ • _____

_____

_____

_____

_____

20___ • _____

_____

_____

_____

_____

AUGUST

What do you wish you could redo?

23

20 __ •

20 __ •

20 __ •

20 __ •

AUGUST

Who do you admire?

20 ___ • _____

_____

_____

_____

_____

20 ___ • _____

_____

_____

_____

_____

20 ___ • _____

_____

_____

_____

_____

20 ___ • _____

_____

_____

_____

_____

AUGUST

25

What makes you cringe?

20 ___ • _____
_____
_____
_____
_____

20 ___ • _____
_____
_____
_____
_____

20 ___ • _____
_____
_____
_____
_____

20 ___ • _____
_____
_____
_____
_____

AUGUST

What's the best thing
about your life right now?

20 ___ • _____

_____

_____

_____

_____

20 ___ • _____

_____

_____

_____

_____

20 ___ • _____

_____

_____

_____

_____

20 ___ • _____

_____

_____

_____

_____

AUGUST

27

What was the last item
you purchased?

20 ___ • _____

_____

_____

_____

_____

20 ___ • _____

_____

_____

_____

_____

20 ___ • _____

_____

_____

_____

_____

20 ___ • _____

_____

_____

_____

_____

AUGUST

What's the weirdest thing
you heard or saw recently?

20 ___ • _____

_____

_____

_____

_____

20 ___ • _____

_____

_____

_____

_____

20 ___ • _____

_____

_____

_____

_____

20 ___ • _____

_____

_____

_____

_____

AUGUST

29

What did you have
for dinner?

20 ___ • _____

_____

_____

_____

_____

20 ___ • _____

_____

_____

_____

_____

20 ___ • _____

_____

_____

_____

_____

20 ___ • _____

_____

_____

_____

_____

AUGUST

What was the first thing
you thought of this morning?

20 ___ • _____

_____

_____

_____

_____

20 ___ • _____

_____

_____

_____

_____

20 ___ • _____

_____

_____

_____

_____

20 ___ • _____

_____

_____

_____

_____

31

What was the most shocking thing that happened to you this summer?

20 ___ • _____

_____

_____

_____

_____

20 ___ • _____

_____

_____

_____

_____

20 ___ • _____

_____

_____

_____

_____

20 ___ • _____

_____

_____

_____

_____

1

SEPTEMBER

What's the best thing about
being a student?

20 ___ • _____

_____

_____

_____

_____

20 ___ • _____

_____

_____

_____

_____

20 ___ • _____

_____

_____

_____

_____

20 ___ • _____

_____

_____

_____

_____

What's your worst nervous habit?

20 ___ • _____

_____

_____

_____

_____

20 ___ • _____

_____

_____

_____

_____

20 ___ • _____

_____

_____

_____

_____

20 ___ • _____

_____

_____

_____

_____

SEPTEMBER

Who brings out the best in you?

20___ • _____

_____

_____

_____

_____

20___ • _____

_____

_____

_____

_____

20___ • _____

_____

_____

_____

_____

20___ • _____

_____

_____

_____

_____

What's your address?

4

20 ___ • _____

_____

_____

_____

_____

20 ___ • _____

_____

_____

_____

_____

20 ___ • _____

_____

_____

_____

_____

20 ___ • _____

_____

_____

_____

_____

SEPTEMBER

Describe your bedroom in five words.

20 ___ . _____

_____

_____

_____

_____

20 ___ . _____

_____

_____

_____

_____

20 ___ . _____

_____

_____

_____

_____

20 ___ . _____

_____

_____

_____

_____

SEPTEMBER

What do you think of Greek life?

20 ___ • _____

_____

_____

_____

_____

20 ___ • _____

_____

_____

_____

_____

20 ___ • _____

_____

_____

_____

_____

20 ___ • _____

_____

_____

_____

_____

SEPTEMBER

What was your happiest moment today?

20 __ • _____

_____

_____

_____

_____

20 __ • _____

_____

_____

_____

_____

20 __ • _____

_____

_____

_____

_____

20 __ • _____

_____

_____

_____

_____

SEPTEMBER

Who makes you jealous?

20 ___ • _____

_____

_____

_____

_____

20 ___ • _____

_____

_____

_____

_____

20 ___ • _____

_____

_____

_____

_____

20 ___ • _____

_____

_____

_____

_____

SEPTEMBER

What do you want from yourself?

20 _____ • _____

_____

_____

_____

_____

20 _____ • _____

_____

_____

_____

_____

20 _____ • _____

_____

_____

_____

_____

20 _____ • _____

_____

_____

_____

_____

What time was your earliest
class this week?

20 ___ • _____

_____

_____

_____

_____

20 ___ • _____

_____

_____

_____

_____

20 ___ • _____

_____

_____

_____

_____

20 ___ • _____

_____

_____

_____

_____

11

What advice would you give
to a second grader?

20 _____ • _____

_____

_____

_____

_____

20 _____ • _____

_____

_____

_____

_____

20 _____ • _____

_____

_____

_____

_____

20 _____ • _____

_____

_____

_____

_____

12

What's your drink of choice?

20 ___ • _____

_____

_____

_____

_____

20 ___ • _____

_____

_____

_____

_____

20 ___ • _____

_____

_____

_____

_____

20 ___ • _____

_____

_____

_____

_____

13

SEPTEMBER

What posters are hanging
in your room?

20 ___ • _____

_____

_____

_____

_____

20 ___ • _____

_____

_____

_____

_____

20 ___ • _____

_____

_____

_____

_____

20 ___ • _____

_____

_____

_____

_____

SEPTEMBER

14

Who are your neighbors?

20 ___ • _____

_____

_____

_____

_____

20 ___ • _____

_____

_____

_____

_____

20 ___ • _____

_____

_____

_____

_____

20 ___ • _____

_____

_____

_____

_____

15

Who are the most important
people in your life?

20 _____ • _____

_____

_____

_____

_____

20 _____ • _____

_____

_____

_____

_____

20 _____ • _____

_____

_____

_____

_____

20 _____ • _____

_____

_____

_____

_____

SEPTEMBER

16

How often do you talk
to your family?

20 ___ • _____

_____

_____

_____

_____

20 ___ • _____

_____

_____

_____

_____

20 ___ • _____

_____

_____

_____

_____

20 ___ • _____

_____

_____

_____

_____

17

SEPTEMBER

What's your favorite study food?

20 ___ • _____
_____
_____
_____
_____

20 ___ • _____
_____
_____
_____
_____

20 ___ • _____
_____
_____
_____
_____

20 ___ • _____
_____
_____
_____
_____

SEPTEMBER

18

Are you happy with your
school right now?

20 ___ • _____

_____

_____

_____

_____

20 ___ • _____

_____

_____

_____

_____

20 ___ • _____

_____

_____

_____

_____

20 ___ • _____

_____

_____

_____

_____

SEPTEMBER

What do you miss most about
your bedroom at home?

20 ___ • _____

_____

_____

_____

20 ___ • _____

_____

_____

_____

20 ___ • _____

_____

_____

_____

20 ___ • _____

_____

_____

_____

SEPTEMBER

20

What's your favorite
television show?

20 ___ • _____

_____

_____

_____

_____

20 ___ • _____

_____

_____

_____

_____

20 ___ • _____

_____

_____

_____

_____

20 ___ • _____

_____

_____

_____

_____

21

SEPTEMBER

What was the last prize
you won?

20 ___ • _____

_____

_____

_____

20 ___ • _____

_____

_____

_____

20 ___ • _____

_____

_____

_____

20 ___ • _____

_____

_____

_____

SEPTEMBER 22

_____ really
pissed you off today.

20 ___ • _____
_____
_____
_____
_____

20 ___ • _____
_____
_____
_____
_____

20 ___ • _____
_____
_____
_____
_____

20 ___ • _____
_____
_____
_____
_____

SEPTEMBER

When was the last time
you worked out?

20 ___ • _____
_____
_____
_____
_____

20 ___ • _____
_____
_____
_____
_____

20 ___ • _____
_____
_____
_____
_____

20 ___ • _____
_____
_____
_____
_____

SEPTEMBER

24

When was the last time you
had dinner after midnight?

20 ___ • _____
_____
_____
_____
_____

20 ___ • _____
_____
_____
_____
_____

20 ___ • _____
_____
_____
_____
_____

20 ___ • _____
_____
_____
_____
_____

SEPTEMBER

Have you been to a
pre-game? Where?

20 ___ • _____

_____

_____

_____

_____

20 ___ • _____

_____

_____

_____

_____

20 ___ • _____

_____

_____

_____

_____

20 ___ • _____

_____

_____

_____

_____

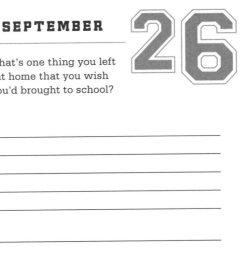
What's one thing you left
at home that you wish
you'd brought to school?

20 ___ • _____

_____

_____

_____

20 ___ • _____

_____

_____

_____

20 ___ • _____

_____

_____

_____

20 ___ • _____

_____

_____

_____

27

SEPTEMBER

What's the last thing you lost?

20 ___ • _____

_____

_____

_____

_____

20 ___ • _____

_____

_____

_____

_____

20 ___ • _____

_____

_____

_____

_____

20 ___ • _____

_____

_____

_____

_____

SEPTEMBER

28

How hungry are you
right now?

20 ___ • _____

20 ___ • _____

20 ___ • _____

20 ___ • _____

SEPTEMBER

What's your favorite thing
to do on a Friday night?

20 ___ • _____
_____
_____
_____
_____

20 ___ • _____
_____
_____
_____
_____

20 ___ • _____
_____
_____
_____
_____

20 ___ • _____
_____
_____
_____
_____

30

What's the best thing
to eat in the dining hall?

20 ___ · _____

_____

_____

_____

_____

20 ___ · _____

_____

_____

_____

_____

20 ___ · _____

_____

_____

_____

_____

20 ___ · _____

_____

_____

_____

_____

OCTOBER

What's your favorite thing
to do on a Saturday morning?

20 __ • _____

_____

_____

_____

_____

20 __ • _____

_____

_____

_____

_____

20 __ • _____

_____

_____

_____

_____

20 __ • _____

_____

_____

_____

_____

OCTOBER

Did anything scare you this week?

20 __ • _____

_____

_____

_____

_____

20 __ • _____

_____

_____

_____

_____

20 __ • _____

_____

_____

_____

_____

20 __ • _____

_____

_____

_____

_____

3

What was the last bad movie
you watched?

20 ___ • _____

_____

_____

_____

_____

20 ___ • _____

_____

_____

_____

_____

20 ___ • _____

_____

_____

_____

_____

20 ___ • _____

_____

_____

_____

_____

OCTOBER

4

How much free time did you have today?
What did you do with it?

20 ___ • _____

_____

_____

_____

_____

20 ___ • _____

_____

_____

_____

_____

20 ___ • _____

_____

_____

_____

_____

20 ___ • _____

_____

_____

_____

_____

OCTOBER

If you could live abroad anywhere,
where would it be?

20 ___ • _____

_____

_____

_____

_____

20 ___ • _____

_____

_____

_____

_____

20 ___ • _____

_____

_____

_____

_____

20 ___ • _____

_____

_____

_____

_____

OCTOBER

Do you have any new friends?

20 ___ • _____

_____

_____

_____

_____

20 ___ • _____

_____

_____

_____

_____

20 ___ • _____

_____

_____

_____

_____

20 ___ • _____

_____

_____

_____

_____

OCTOBER

Are you happy with your choices today?

20 ___ • _____

_____

_____

_____

_____

20 ___ • _____

_____

_____

_____

_____

20 ___ • _____

_____

_____

_____

_____

20 ___ • _____

_____

_____

_____

_____

OCTOBER

Do you miss anything about high school?

20 ___ • _____

_____

_____

_____

_____

20 ___ • _____

_____

_____

_____

_____

20 ___ • _____

_____

_____

_____

_____

20 ___ • _____

_____

_____

_____

_____

OCTOBER

What's the biggest change you've
made in the past year?

20 ___ • _____

_____

_____

_____

_____

20 ___ • _____

_____

_____

_____

_____

20 ___ • _____

_____

_____

_____

_____

20 ___ • _____

_____

_____

_____

_____

OCTOBER

Write down the name
of someone you had a good
conversation with recently.

20 ___ • _____

_____

_____

_____

_____

20 ___ • _____

_____

_____

_____

_____

20 ___ • _____

_____

_____

_____

_____

20 ___ • _____

_____

_____

_____

_____

11

What's on your wrist?

20 ___ • _____
_____
_____
_____
_____

20 ___ • _____
_____
_____
_____
_____

20 ___ • _____
_____
_____
_____
_____

20 ___ • _____
_____
_____
_____
_____

12

Choose one word for today.

20 ___ • _____
_____
_____
_____
_____

20 ___ • _____
_____
_____
_____
_____

20 ___ • _____
_____
_____
_____
_____

20 ___ • _____
_____
_____
_____
_____

13

OCTOBER

Have you visited any other
schools recently?

20 ___ • _____

_____

_____

_____

_____

20 ___ • _____

_____

_____

_____

_____

20 ___ • _____

_____

_____

_____

_____

20 ___ • _____

_____

_____

_____

_____

14

What was the last grade
you received?

20 ___ • _____

_____

_____

_____

_____

20 ___ • _____

_____

_____

_____

_____

20 ___ • _____

_____

_____

_____

_____

20 ___ • _____

_____

_____

_____

_____

OCTOBER

Where's your favorite coffee spot?

20 _____ • _____

_____

_____

_____

_____

20 _____ • _____

_____

_____

_____

_____

20 _____ • _____

_____

_____

_____

_____

20 _____ • _____

_____

_____

_____

_____

OCTOBER

16

Today you woke up at

_____.

20 ___ • _____

_____

_____

_____

_____

20 ___ • _____

_____

_____

_____

_____

20 ___ • _____

_____

_____

_____

_____

20 ___ • _____

_____

_____

_____

_____

17

OCTOBER

What's in your fridge?

20 _____ • _____

_____

_____

_____

_____

20 _____ • _____

_____

_____

_____

_____

20 _____ • _____

_____

_____

_____

_____

20 _____ • _____

_____

_____

_____

_____

OCTOBER

Is your home/apartment clean?

18

20 ___ • _____

_____

_____

_____

_____

20 ___ • _____

_____

_____

_____

_____

20 ___ • _____

_____

_____

_____

_____

20 ___ • _____

_____

_____

_____

_____

OCTOBER

What was the last themed
party you attended?

20 ___ • _____

_____

_____

_____

_____

20 ___ • _____

_____

_____

_____

_____

20 ___ • _____

_____

_____

_____

_____

20 ___ • _____

_____

_____

_____

_____

20

Describe your love life
in one word.

20 ___ • _____

_____

_____

_____

_____

20 ___ • _____

_____

_____

_____

_____

20 ___ • _____

_____

_____

_____

_____

20 ___ • _____

_____

_____

_____

_____

21

OCTOBER

Who do you predict will
hook up this semester?

20 ___ • _____

_____

_____

_____

_____

20 ___ • _____

_____

_____

_____

_____

20 ___ • _____

_____

_____

_____

_____

20 ___ • _____

_____

_____

_____

_____

OCTOBER

22

What was the last sporting
event you attended?

20 ___ • _____

_____

_____

_____

_____

20 ___ • _____

_____

_____

_____

_____

20 ___ • _____

_____

_____

_____

_____

20 ___ • _____

_____

_____

_____

_____

OCTOBER

Who is the last person
in your "missed calls" list?

20 ___ • _____

_____

_____

_____

_____

20 ___ • _____

_____

_____

_____

_____

20 ___ • _____

_____

_____

_____

_____

20 ___ • _____

_____

_____

_____

_____

Where are you?

20 ___ • _____
_____
_____
_____
_____

20 ___ • _____
_____
_____
_____
_____

20 ___ • _____
_____
_____
_____
_____

20 ___ • _____
_____
_____
_____
_____

OCTOBER

Do you have any attractive
professors or TAs?

20 ___ • _____

_____

_____

_____

_____

20 ___ • _____

_____

_____

_____

_____

20 ___ • _____

_____

_____

_____

_____

20 ___ • _____

_____

_____

_____

_____

OCTOBER

26

Are you competing
for something?

20 __ • _____

_____

_____

_____

_____

20 __ • _____

_____

_____

_____

_____

20 __ • _____

_____

_____

_____

_____

20 __ • _____

_____

_____

_____

_____

27

OCTOBER

What was the last news story
you followed closely?

20 ___ • _____

_____

_____

_____

_____

20 ___ • _____

_____

_____

_____

_____

20 ___ • _____

_____

_____

_____

_____

20 ___ • _____

_____

_____

_____

_____

OCTOBER

28

Outside, the weather is
_____.

20 ___ • _____
_____
_____
_____
_____

20 ___ • _____
_____
_____
_____
_____

20 ___ • _____
_____
_____
_____
_____

20 ___ • _____
_____
_____
_____
_____

OCTOBER

What advice would you
give to someone two years
younger than you?

20 ___ • _____

_____

_____

_____

_____

20 ___ • _____

_____

_____

_____

_____

20 ___ • _____

_____

_____

_____

_____

20 ___ • _____

_____

_____

_____

_____

OCTOBER

30

When was the last time you
visited your childhood home?

20 ___ • _____

_____

_____

_____

_____

20 ___ • _____

_____

_____

_____

_____

20 ___ • _____

_____

_____

_____

_____

20 ___ • _____

_____

_____

_____

_____

31

OCTOBER

Do you have Halloween plans?
What's your costume?

20 ___ • _____

_____

_____

_____

_____

20 ___ • _____

_____

_____

_____

_____

20 ___ • _____

_____

_____

_____

_____

20 ___ • _____

_____

_____

_____

_____

NOVEMBER

What was something you
couldn't do today?

1

20 ___ • _____

_____

_____

_____

_____

20 ___ • _____

_____

_____

_____

_____

20 ___ • _____

_____

_____

_____

_____

20 ___ • _____

_____

_____

_____

_____

What's your favorite
extracurricular activity?

20 ___ • _____

_____

_____

_____

_____

20 ___ • _____

_____

_____

_____

_____

20 ___ • _____

_____

_____

_____

_____

20 ___ • _____

_____

_____

_____

_____

NOVEMBER

3

What time did you go
to bed last night?

20 ___ • _____

_____

_____

_____

20 ___ • _____

_____

_____

_____

20 ___ • _____

_____

_____

_____

20 ___ • _____

_____

_____

_____

NOVEMBER

Have you ever had a drink before noon?
What was it?

20 ___ · _____

_____

_____

_____

_____

20 ___ · _____

_____

_____

_____

_____

20 ___ · _____

_____

_____

_____

_____

20 ___ · _____

_____

_____

_____

_____

NOVEMBER

How many cups of coffee
did you drink today?

20 ___ • _____

_____

_____

_____

_____

20 ___ • _____

_____

_____

_____

_____

20 ___ • _____

_____

_____

_____

_____

20 ___ • _____

_____

_____

_____

_____

NOVEMBER

When was the last time you pulled
an all-nighter?

20 ___ • _____

20 ___ • _____

20 ___ • _____

20 ___ • _____

NOVEMBER

7

If you could change one thing about today,
what would it be?

20 ___ • _____

_____

_____

_____

_____

20 ___ • _____

_____

_____

_____

_____

20 ___ • _____

_____

_____

_____

_____

20 ___ • _____

_____

_____

_____

_____

NOVEMBER

Who was the last person you
hooked up with?

20 ___ • _____

_____

_____

_____

_____

20 ___ • _____

_____

_____

_____

_____

20 ___ • _____

_____

_____

_____

_____

20 ___ • _____

_____

_____

_____

_____

NOVEMBER

What colors are you wearing today?

20 __ • _____

_____

_____

_____

_____

20 __ • _____

_____

_____

_____

_____

20 __ • _____

_____

_____

_____

_____

20 __ • _____

_____

_____

_____

_____

10

NOVEMBER

What's the top played song
right now?

20 ___ • _____

_____

_____

_____

_____

20 ___ • _____

_____

_____

_____

_____

20 ___ • _____

_____

_____

_____

_____

20 ___ • _____

_____

_____

_____

_____

NOVEMBER

If you could take a road trip with anyone
(living or dead), who would it be?

20 ___ • _____

_____

_____

_____

_____

20 ___ • _____

_____

_____

_____

_____

20 ___ • _____

_____

_____

_____

_____

20 ___ • _____

_____

_____

_____

_____

11

12

NOVEMBER

Where are you going
to be for Thanksgiving?

20 ___ • _____

_____

_____

_____

_____

20 ___ • _____

_____

_____

_____

_____

20 ___ • _____

_____

_____

_____

_____

20 ___ • _____

_____

_____

_____

_____

NOVEMBER

If you were granted three wishes
today, what would they be?

20 ___ • _____

_____

_____

_____

_____

20 ___ • _____

_____

_____

_____

_____

20 ___ • _____

_____

_____

_____

_____

20 ___ • _____

_____

_____

_____

_____

NOVEMBER

What was the last message or text from one of your parents?

20___ • _____

20___ • _____

20___ • _____

20___ • _____

NOVEMBER

Waking up today was
_____.

15

20 ___ • _____
_____
_____
_____
_____

20 ___ • _____
_____
_____
_____
_____

20 ___ • _____
_____
_____
_____
_____

20 ___ • _____
_____
_____
_____
_____

NOVEMBER

Jot down three current worries.

20___ • _____

20___ • _____

20___ • _____

20___ • _____

NOVEMBER

What was the last school-branded
item you bought?

17

20 ___ • _____

_____

_____

_____

_____

20 ___ • _____

_____

_____

_____

_____

20 ___ • _____

_____

_____

_____

_____

20 ___ • _____

_____

_____

_____

_____

18

NOVEMBER

Who has caught your attention
recently?

20 ___ • _____

_____

_____

_____

_____

20 ___ • _____

_____

_____

_____

_____

20 ___ • _____

_____

_____

_____

_____

20 ___ • _____

_____

_____

_____

_____

NOVEMBER

What subject are you obsessed
with right now?

20 ___ • _____

_____

_____

_____

_____

20 ___ • _____

_____

_____

_____

_____

20 ___ • _____

_____

_____

_____

_____

20 ___ • _____

_____

_____

_____

_____

NOVEMBER

What do you want to postpone?

20 ___ • _____

_____

_____

_____

_____

20 ___ • _____

_____

_____

_____

_____

20 ___ • _____

_____

_____

_____

_____

20 ___ • _____

_____

_____

_____

_____

21

Which are your favorite shoes?

20 ___ • _____

_____

_____

_____

_____

20 ___ • _____

_____

_____

_____

_____

20 ___ • _____

_____

_____

_____

_____

20 ___ • _____

_____

_____

_____

_____

NOVEMBER

What do you keep forgetting to do?

20 ___ • _____

20 ___ • _____

20 ___ • _____

20 ___ • _____

NOVEMBER

23

What's your favorite brunch?

20____ • _____

_____

_____

_____

_____

20____ • _____

_____

_____

_____

_____

20____ • _____

_____

_____

_____

_____

20____ • _____

_____

_____

_____

_____

NOVEMBER

What was the last thing
you wrote?

20____ • _____

_____

_____

_____

_____

20____ • _____

_____

_____

_____

_____

20____ • _____

_____

_____

_____

_____

20____ • _____

_____

_____

_____

_____

NOVEMBER

25

Today you wore

_____.

20 ___ • _____
_____
_____
_____
_____

20 ___ • _____
_____
_____
_____
_____

20 ___ • _____
_____
_____
_____
_____

20 ___ • _____
_____
_____
_____
_____

What three words describe
your family?

20 ___ • _____

_____

_____

_____

_____

20 ___ • _____

_____

_____

_____

_____

20 ___ • _____

_____

_____

_____

_____

20 ___ • _____

_____

_____

_____

_____

NOVEMBER

27

Who inspires you?

20 ___ • _____
_____
_____
_____
_____

20 ___ • _____
_____
_____
_____
_____

20 ___ • _____
_____
_____
_____
_____

20 ___ • _____
_____
_____
_____
_____

NOVEMBER

What was the last risk you took?

20___ • _____

_____

_____

_____

_____

20___ • _____

_____

_____

_____

_____

20___ • _____

_____

_____

_____

_____

20___ • _____

_____

_____

_____

_____

NOVEMBER

29

How many people have you
kissed in the past month?

20 __ • _____
_____
_____
_____
_____

20 __ • _____
_____
_____
_____
_____

20 __ • _____
_____
_____
_____
_____

20 __ • _____
_____
_____
_____
_____

NOVEMBER

Today you needed more
_____.

20 ___ • _____
_____
_____
_____
_____

20 ___ • _____
_____
_____
_____
_____

20 ___ • _____
_____
_____
_____
_____

20 ___ • _____
_____
_____
_____
_____

DECEMBER

If you could change something about
today, what would it be?

1

20 __ • _____

_____

_____

_____

_____

20 __ • _____

_____

_____

_____

_____

20 __ • _____

_____

_____

_____

_____

20 __ • _____

_____

_____

_____

_____

DECEMBER

Look down. What do you see?

20 ___ • _____

_____

_____

_____

_____

20 ___ • _____

_____

_____

_____

_____

20 ___ • _____

_____

_____

_____

_____

20 ___ • _____

_____

_____

_____

_____

On a scale of 1 to 10, how happy are you?

20 ___ • _____

_____

_____

_____

_____

20 ___ • _____

_____

_____

_____

_____

20 ___ • _____

_____

_____

_____

_____

20 ___ • _____

_____

_____

_____

_____

DECEMBER

Have you stalked anyone recently?

20___ · _____
_____
_____
_____
_____

20___ · _____
_____
_____
_____
_____

20___ · _____
_____
_____
_____
_____

20___ · _____
_____
_____
_____
_____

DECEMBER

Who do you miss?

5

20 ___ • _____

_____

_____

_____

_____

20 ___ • _____

_____

_____

_____

_____

20 ___ • _____

_____

_____

_____

_____

20 ___ • _____

_____

_____

_____

_____

6

DECEMBER

How are you getting home
at the end of the term?

20 ___ • _____

_____

_____

_____

_____

20 ___ • _____

_____

_____

_____

_____

20 ___ • _____

_____

_____

_____

_____

20 ___ • _____

_____

_____

_____

_____

DECEMBER

What's the title of one book you're reading?

20 ___ • _____

_____

_____

_____

_____

20 ___ • _____

_____

_____

_____

_____

20 ___ • _____

_____

_____

_____

_____

20 ___ • _____

_____

_____

_____

_____

DECEMBER

Write down one impressive fact
about yourself.

20 ___ • _____

_____

_____

_____

_____

20 ___ • _____

_____

_____

_____

_____

20 ___ • _____

_____

_____

_____

_____

20 ___ • _____

_____

_____

_____

_____

DECEMBER

What was your most recent act
of generosity?

20 ___ • _____

_____

_____

_____

_____

20 ___ • _____

_____

_____

_____

_____

20 ___ • _____

_____

_____

_____

_____

20 ___ • _____

_____

_____

_____

_____

10

DECEMBER

Whose bed have you slept in
this month?

20 ___ • _____
_____
_____
_____
_____

20 ___ • _____
_____
_____
_____
_____

20 ___ • _____
_____
_____
_____
_____

20 ___ • _____
_____
_____
_____
_____

Have you chosen a major?
What is it?

20 ___ • _____
_____
_____
_____
_____

20 ___ • _____
_____
_____
_____
_____

20 ___ • _____
_____
_____
_____
_____

20 ___ • _____
_____
_____
_____
_____

DECEMBER

What's on your wish list?

20 ___ • _____

_____

_____

_____

_____

20 ___ • _____

_____

_____

_____

_____

20 ___ • _____

_____

_____

_____

_____

20 ___ • _____

_____

_____

_____

_____

DECEMBER

13

What's your biggest regret?

20 ___ • _____

_____

_____

_____

_____

20 ___ • _____

_____

_____

_____

_____

20 ___ • _____

_____

_____

_____

_____

20 ___ • _____

_____

_____

_____

_____

14

What kind of mood are you in?

20 ___ • _____

_____

_____

_____

_____

20 ___ • _____

_____

_____

_____

_____

20 ___ • _____

_____

_____

_____

_____

20 ___ • _____

_____

_____

_____

_____

DECEMBER

When was the last time you
wore formal attire? Why?

15

20 ___ • _____

_____

_____

_____

_____

20 ___ • _____

_____

_____

_____

_____

20 ___ • _____

_____

_____

_____

_____

20 ___ • _____

_____

_____

_____

_____

DECEMBER

Write down five words that
describe today.

20 ___ • _____

_____

_____

_____

_____

20 ___ • _____

_____

_____

_____

_____

20 ___ • _____

_____

_____

_____

_____

20 ___ • _____

_____

_____

_____

_____

DECEMBER

If you could to move to any city
after college, where would you go?

17

20 ___ • _____

_____

_____

_____

_____

20 ___ • _____

_____

_____

_____

_____

20 ___ • _____

_____

_____

_____

_____

20 ___ • _____

_____

_____

_____

_____

DECEMBER

What are you excited to do over
winter break?

20 ___ • _____

_____

_____

_____

_____

20 ___ • _____

_____

_____

_____

_____

20 ___ • _____

_____

_____

_____

_____

20 ___ • _____

_____

_____

_____

_____

What's your back-up plan?

20 ___ • _____
_____
_____
_____
_____

20 ___ • _____
_____
_____
_____
_____

20 ___ • _____
_____
_____
_____
_____

20 ___ • _____
_____
_____
_____
_____

DECEMBER

What's your favorite
holiday song of the year?

20 ____ • _____

_____

_____

_____

_____

20 ____ • _____

_____

_____

_____

_____

20 ____ • _____

_____

_____

_____

_____

20 ____ • _____

_____

_____

_____

_____

DECEMBER

If you could be the best at
anything, what would it be?

21

20 _____ • _____

_____

_____

_____

_____

20 _____ • _____

_____

_____

_____

_____

20 _____ • _____

_____

_____

_____

_____

20 _____ • _____

_____

_____

_____

_____

DECEMBER

Do you smoke?
Why or why not?

20 ___ • _____

_____

_____

_____

_____

20 ___ • _____

_____

_____

_____

_____

20 ___ • _____

_____

_____

_____

_____

20 ___ • _____

_____

_____

_____

_____

23

What's your favorite cereal?

20 ___ • _____

_____

_____

_____

_____

20 ___ • _____

_____

_____

_____

_____

20 ___ • _____

_____

_____

_____

_____

20 ___ • _____

_____

_____

_____

_____

DECEMBER

Have you gotten sick recently?

20___ • _____
_____
_____
_____
_____

20___ • _____
_____
_____
_____
_____

20___ • _____
_____
_____
_____
_____

20___ • _____
_____
_____
_____
_____

DECEMBER

25

Is there one gift this year that
you really enjoyed giving?

20 ___ • _____

_____

_____

_____

_____

20 ___ • _____

_____

_____

_____

_____

20 ___ • _____

_____

_____

_____

_____

20 ___ • _____

_____

_____

_____

_____

DECEMBER

If you could hug anyone
right now, who would it be?

20 ___ • _____

_____

_____

_____

_____

20 ___ • _____

_____

_____

_____

_____

20 ___ • _____

_____

_____

_____

_____

20 ___ • _____

_____

_____

_____

_____

DECEMBER 27

Write down the first thing that comes to mind after reading this sentence.

20 ___ • _____

_____

_____

_____

_____

20 ___ • _____

_____

_____

_____

_____

20 ___ • _____

_____

_____

_____

_____

20 ___ • _____

_____

_____

_____

_____

DECEMBER

How does your stomach
feel today?

20 ___ • _____

_____

_____

_____

_____

20 ___ • _____

_____

_____

_____

_____

20 ___ • _____

_____

_____

_____

_____

20 ___ • _____

_____

_____

_____

_____

DECEMBER

29

What was your favorite moment
of this year?

20___ • _____

_____

_____

_____

_____

20___ • _____

_____

_____

_____

_____

20___ • _____

_____

_____

_____

_____

20___ • _____

_____

_____

_____

_____

DECEMBER

Who do you want to be
your New Year's kiss?

20___ • _____
_____
_____
_____
_____

20___ • _____
_____
_____
_____
_____

20___ • _____
_____
_____
_____
_____

20___ • _____
_____
_____
_____
_____

DECEMBER

31

What is your most cherished
memory of this year?

20 ___ • _____

_____

_____

_____

_____

20 ___ • _____

_____

_____

_____

_____

20 ___ • _____

_____

_____

_____

_____

20 ___ • _____

_____

_____

_____

_____

JANUARY

What are your New Year's resolutions?

20 _____ • _____

_____

_____

_____

_____

20 _____ • _____

_____

_____

_____

_____

20 _____ • _____

_____

_____

_____

_____

20 _____ • _____

_____

_____

_____

_____

JANUARY

2

What's your favorite gadget?

20 ___ • _____

_____

_____

_____

_____

20 ___ • _____

_____

_____

_____

_____

20 ___ • _____

_____

_____

_____

_____

20 ___ • _____

_____

_____

_____

_____

JANUARY

What classes do you need to take
this coming term?

20 __ • _____

_____

_____

_____

_____

20 __ • _____

_____

_____

_____

_____

20 __ • _____

_____

_____

_____

_____

20 __ • _____

_____

_____

_____

_____

JANUARY

What was the best part of today?

4

20 ___ • _____

_____

_____

_____

_____

20 ___ • _____

_____

_____

_____

_____

20 ___ • _____

_____

_____

_____

_____

20 ___ • _____

_____

_____

_____

_____

JANUARY

What's your favorite comfort food?

20 ___ • _____

_____

_____

_____

_____

20 ___ • _____

_____

_____

_____

_____

20 ___ • _____

_____

_____

_____

_____

20 ___ • _____

_____

_____

_____

_____

JANUARY

6

Today was tough because
_____.

20___ • _____
_____
_____
_____
_____

20___ • _____
_____
_____
_____
_____

20___ • _____
_____
_____
_____
_____

20___ • _____
_____
_____
_____
_____

JANUARY

What are you most excited about?

20 _____ • _____

_____

_____

_____

_____

20 _____ • _____

_____

_____

_____

_____

20 _____ • _____

_____

_____

_____

_____

20 _____ • _____

_____

_____

_____

_____

JANUARY

What song is stuck in your head?

20 ___ • _____

_____

_____

_____

_____

20 ___ • _____

_____

_____

_____

_____

20 ___ • _____

_____

_____

_____

_____

20 ___ • _____

_____

_____

_____

_____

Who would you want standing beside you
if all your dreams came true?

20 ___ • _____

_____

_____

_____

_____

20 ___ • _____

_____

_____

_____

_____

20 ___ • _____

_____

_____

_____

_____

20 ___ • _____

_____

_____

_____

_____

JANUARY

10

Write down something that
inspired you today.

20 ___ • _____

_____

_____

_____

_____

20 ___ • _____

_____

_____

_____

_____

20 ___ • _____

_____

_____

_____

_____

20 ___ • _____

_____

_____

_____

_____

JANUARY

What's the most expensive item
you bought in the last three months?

20___ · _____
_____
_____
_____
_____

20___ · _____
_____
_____
_____
_____

20___ · _____
_____
_____
_____
_____

20___ · _____
_____
_____
_____
_____

JANUARY

What's the oldest thing you're
wearing today?

12

20 ___ • _____

_____

_____

_____

_____

20 ___ • _____

_____

_____

_____

_____

20 ___ • _____

_____

_____

_____

_____

20 ___ • _____

_____

_____

_____

_____

JANUARY

Who did you spend the most
time with today?

20 ___ · _____

_____

_____

_____

_____

20 ___ · _____

_____

_____

_____

_____

20 ___ · _____

_____

_____

_____

_____

20 ___ · _____

_____

_____

_____

_____

JANUARY

14

Are you a leader or a follower?

20 ___ • _____

_____

_____

_____

_____

20 ___ • _____

_____

_____

_____

_____

20 ___ • _____

_____

_____

_____

_____

20 ___ • _____

_____

_____

_____

_____

15

JANUARY

What was the most productive
thing you did today?

20 _____ • _____

_____

_____

_____

_____

20 _____ • _____

_____

_____

_____

_____

20 _____ • _____

_____

_____

_____

_____

20 _____ • _____

_____

_____

_____

_____

JANUARY

16

Do you owe someone money?

20 ___ • _____

_____

_____

_____

_____

20 ___ • _____

_____

_____

_____

_____

20 ___ • _____

_____

_____

_____

_____

20 ___ • _____

_____

_____

_____

_____

JANUARY

What do you most want right now?

20___ • _____

_____

_____

_____

_____

20___ • _____

_____

_____

_____

_____

20___ • _____

_____

_____

_____

_____

20___ • _____

_____

_____

_____

_____

What did you think about before
you went to sleep last night?

20 ___ • _____
_____
_____
_____
_____

20 ___ • _____
_____
_____
_____
_____

20 ___ • _____
_____
_____
_____
_____

20 ___ • _____
_____
_____
_____
_____

JANUARY

List three foods you ate today.

20 ___ • _____

_____

_____

_____

_____

20 ___ • _____

_____

_____

_____

_____

20 ___ • _____

_____

_____

_____

_____

20 ___ • _____

_____

_____

_____

_____

JANUARY

20

Where would you rather be?

20 ___ • _____
_____
_____
_____
_____

20 ___ • _____
_____
_____
_____
_____

20 ___ • _____
_____
_____
_____
_____

20 ___ • _____
_____
_____
_____
_____

JANUARY

Try to name all of the people (living or dead) you thought about today.

20___ • _____

_____

_____

_____

_____

20___ • _____

_____

_____

_____

_____

20___ • _____

_____

_____

_____

_____

20___ • _____

_____

_____

_____

_____

JANUARY

22

What phrase do you use
the most?

20 ___ • _____

_____

_____

_____

20 ___ • _____

_____

_____

_____

20 ___ • _____

_____

_____

_____

20 ___ • _____

_____

_____

_____

JANUARY

Do you have a direction in mind?

20___ • _____

_____

_____

_____

_____

20___ • _____

_____

_____

_____

_____

20___ • _____

_____

_____

_____

_____

20___ • _____

_____

_____

_____

_____

What's your computer's wallpaper?

20 ___ • _____

_____

_____

_____

_____

20 ___ • _____

_____

_____

_____

_____

20 ___ • _____

_____

_____

_____

_____

20 ___ • _____

_____

_____

_____

_____

JANUARY

If your past year was made into
a movie, what would the title be?

20___ • _____
_____
_____
_____
_____

20___ • _____
_____
_____
_____
_____

20___ • _____
_____
_____
_____
_____

20___ • _____
_____
_____
_____
_____

JANUARY

26

In your college experience so far,
who has been the best kisser?

20 ___ • _____

20 ___ • _____

20 ___ • _____

20 ___ • _____

27

JANUARY

Are you happy with your grades?

20___ •_____

_____

_____

_____

_____

20___ •_____

_____

_____

_____

_____

20___ •_____

_____

_____

_____

_____

20___ •_____

_____

_____

_____

_____

JANUARY

How do you describe your home?

28

20 ___ • _____

_____

_____

_____

_____

20 ___ • _____

_____

_____

_____

_____

20 ___ • _____

_____

_____

_____

_____

20 ___ • _____

_____

_____

_____

_____

JANUARY

What was the last
TV show you watched?

20 ___ • _____

_____

_____

_____

_____

20 ___ • _____

_____

_____

_____

_____

20 ___ • _____

_____

_____

_____

_____

20 ___ • _____

_____

_____

_____

_____

JANUARY

30

What was your last long drive?

20 ___ • _____

_____

_____

_____

_____

20 ___ • _____

_____

_____

_____

_____

20 ___ • _____

_____

_____

_____

_____

20 ___ • _____

_____

_____

_____

_____

31

What shampoo are you using?

20___ • _____

_____

_____

_____

_____

20___ • _____

_____

_____

_____

_____

20___ • _____

_____

_____

_____

_____

20___ • _____

_____

_____

_____

_____

FEBRUARY

Which friend(s) did you last speak to?

20 ___ • _____

_____

_____

_____

_____

20 ___ • _____

_____

_____

_____

_____

20 ___ • _____

_____

_____

_____

_____

20 ___ • _____

_____

_____

_____

_____

FEBRUARY

Do you want to live with the same
people next year?

20 __ • _____

_____

_____

_____

_____

20 __ • _____

_____

_____

_____

_____

20 __ • _____

_____

_____

_____

_____

20 __ • _____

_____

_____

_____

_____

FEBRUARY

Who do you call when you're sad?

20 ___ • _____

_____

_____

_____

_____

20 ___ • _____

_____

_____

_____

_____

20 ___ • _____

_____

_____

_____

_____

20 ___ • _____

_____

_____

_____

_____

FEBRUARY

What was the last thing you did
even though you really didn't want to?

20 _____ • _____

_____

_____

_____

_____

20 _____ • _____

_____

_____

_____

_____

20 _____ • _____

_____

_____

_____

_____

20 _____ • _____

_____

_____

_____

_____

FEBRUARY

What are you obsessively listening to?

20 _____ • _____

_____

_____

_____

_____

20 _____ • _____

_____

_____

_____

_____

20 _____ • _____

_____

_____

_____

_____

20 _____ • _____

_____

_____

_____

_____

FEBRUARY

What's your favorite day of the week?
Why?

20___ • _____
_____
_____
_____
_____

20___ • _____
_____
_____
_____
_____

20___ • _____
_____
_____
_____
_____

20___ • _____
_____
_____
_____
_____

FEBRUARY

If you were to send a handwritten note
to someone today, who would it be?

20 ___ • _____

_____

_____

_____

_____

20 ___ • _____

_____

_____

_____

_____

20 ___ • _____

_____

_____

_____

_____

20 ___ • _____

_____

_____

_____

_____

FEBRUARY

Are you in love?

20___ • _____

_____

_____

_____

_____

20___ • _____

_____

_____

_____

_____

20___ • _____

_____

_____

_____

_____

20___ • _____

_____

_____

_____

_____

9

How late did you sleep today?

20 __ • _____

_____

_____

_____

_____

20 __ • _____

_____

_____

_____

_____

20 __ • _____

_____

_____

_____

_____

20 __ • _____

_____

_____

_____

_____

10

FEBRUARY

Where did you spend most
of your time today?

20 ___ • _____

_____

_____

_____

_____

20 ___ • _____

_____

_____

_____

_____

20 ___ • _____

_____

_____

_____

_____

20 ___ • _____

_____

_____

_____

_____

FEBRUARY

Where's your favorite place
to be alone?

11

20___ • _____

_____

_____

_____

_____

20___ • _____

_____

_____

_____

_____

20___ • _____

_____

_____

_____

_____

20___ • _____

_____

_____

_____

_____

12

FEBRUARY

List three good things that
happened today.

20 _____ • _____

_____

_____

_____

_____

20 _____ • _____

_____

_____

_____

_____

20 _____ • _____

_____

_____

_____

_____

20 _____ • _____

_____

_____

_____

_____

FEBRUARY

13

What's your favorite question
to ask people?

20 ___ • _____

_____

_____

_____

_____

20 ___ • _____

_____

_____

_____

_____

20 ___ • _____

_____

_____

_____

_____

20 ___ • _____

_____

_____

_____

_____

FEBRUARY

How do you feel about Valentine's Day?

20____ • _____

_____

_____

_____

_____

20____ • _____

_____

_____

_____

_____

20____ • _____

_____

_____

_____

_____

20____ • _____

_____

_____

_____

_____

FEBRUARY

15

Write down your cure for
a broken heart.

20 ___ • _____

_____

_____

_____

_____

20 ___ • _____

_____

_____

_____

_____

20 ___ • _____

_____

_____

_____

_____

20 ___ • _____

_____

_____

_____

_____

16

FEBRUARY

Who makes you happy?

20 ___ • _____

_____

_____

_____

_____

20 ___ • _____

_____

_____

_____

_____

20 ___ • _____

_____

_____

_____

_____

20 ___ • _____

_____

_____

_____

_____

FEBRUARY

17

Describe yourself in three words.

20 ___ • _____
_____
_____
_____
_____

20 ___ • _____
_____
_____
_____
_____

20 ___ • _____
_____
_____
_____
_____

20 ___ • _____
_____
_____
_____
_____

18

FEBRUARY

Who is the craziest person
in your life?

20 ___ • _____

_____

_____

_____

_____

20 ___ • _____

_____

_____

_____

_____

20 ___ • _____

_____

_____

_____

_____

20 ___ • _____

_____

_____

_____

_____

FEBRUARY

19

Describe your current
profile picture.

20 ___ • _____
_____
_____
_____
_____

20 ___ • _____
_____
_____
_____
_____

20 ___ • _____
_____
_____
_____
_____

20 ___ • _____
_____
_____
_____
_____

FEBRUARY

How often do you go
to the dining hall?

20 _____ • _____

_____

_____

_____

_____

20 _____ • _____

_____

_____

_____

_____

20 _____ • _____

_____

_____

_____

_____

20 _____ • _____

_____

_____

_____

_____

FEBRUARY

21

What's your hardest class
this term?

20____ • _____
_____
_____
_____
_____

20____ • _____
_____
_____
_____
_____

20____ • _____
_____
_____
_____
_____

20____ • _____
_____
_____
_____
_____

FEBRUARY

Where are you?
How did you get here?

20___ • _____

_____

_____

_____

_____

20___ • _____

_____

_____

_____

_____

20___ • _____

_____

_____

_____

_____

20___ • _____

_____

_____

_____

_____

FEBRUARY

23

What do you miss most
about last year?

20 ___ • _____

_____

_____

_____

_____

20 ___ • _____

_____

_____

_____

_____

20 ___ • _____

_____

_____

_____

_____

20 ___ • _____

_____

_____

_____

_____

FEBRUARY

How was your day?

20 ___ • _____

_____

_____

_____

_____

20 ___ • _____

_____

_____

_____

_____

20 ___ • _____

_____

_____

_____

_____

20 ___ • _____

_____

_____

_____

_____

FEBRUARY

25

What's the last dream
you remember?

20 ___ • _____

_____

_____

_____

_____

20 ___ • _____

_____

_____

_____

_____

20 ___ • _____

_____

_____

_____

_____

20 ___ • _____

_____

_____

_____

_____

FEBRUARY

Write a rhyme about today.

20 ___ • _____

20 ___ • _____

20 ___ • _____

20 ___ • _____

FEBRUARY

27

What was the last museum
you visited?

20 ___ · _____

_____

_____

_____

_____

20 ___ · _____

_____

_____

_____

_____

20 ___ · _____

_____

_____

_____

_____

20 ___ · _____

_____

_____

_____

_____

FEBRUARY

Have you told any lies recently?

20___ • _____

_____

_____

_____

_____

20___ • _____

_____

_____

_____

_____

20___ • _____

_____

_____

_____

_____

20___ • _____

_____

_____

_____

_____

FEBRUARY

29

What are you thinking about?

20 ___ • _____

_____

_____

_____

_____

20 ___ • _____

_____

_____

_____

_____

20 ___ • _____

_____

_____

_____

_____

20 ___ • _____

_____

_____

_____

_____

MARCH 1

Has there been any crazy weather recently?

20 ___ • _____

_____

_____

_____

_____

20 ___ • _____

_____

_____

_____

_____

20 ___ • _____

_____

_____

_____

_____

20 ___ • _____

_____

_____

_____

_____

MARCH

Salty or sweet?

2

20 ___ • _____
_____
_____
_____
_____

20 ___ • _____
_____
_____
_____
_____

20 ___ • _____
_____
_____
_____
_____

20 ___ • _____
_____
_____
_____
_____

MARCH

Did you sleep alone last night?

20 ___ • _____

_____

_____

_____

_____

20 ___ • _____

_____

_____

_____

_____

20 ___ • _____

_____

_____

_____

_____

20 ___ • _____

_____

_____

_____

_____

MARCH

What would you like to ask your mother?

20 ___ • _____
_____
_____
_____
_____

20 ___ • _____
_____
_____
_____
_____

20 ___ • _____
_____
_____
_____
_____

20 ___ • _____
_____
_____
_____
_____

5

MARCH

What can you do to step outside
your comfort zone?

20 ___ • _____

_____

_____

_____

_____

20 ___ • _____

_____

_____

_____

_____

20 ___ • _____

_____

_____

_____

_____

20 ___ • _____

_____

_____

_____

_____

What was the last U.S. state you visited?

20 ___ • _____

_____

_____

_____

_____

20 ___ • _____

_____

_____

_____

_____

20 ___ • _____

_____

_____

_____

_____

20 ___ • _____

_____

_____

_____

_____

7

MARCH

What do you wish could always
stay the same?

20 ___ •

20 ___ •

20 ___ •

20 ___ •

MARCH

What was the last song you listened to?

20 __ • _____
_____
_____
_____
_____

20 __ • _____
_____
_____
_____
_____

20 __ • _____
_____
_____
_____
_____

20 __ • _____
_____
_____
_____
_____

MARCH

What motivates you to be productive?

20 ___ • _____

_____

_____

_____

_____

20 ___ • _____

_____

_____

_____

_____

20 ___ • _____

_____

_____

_____

_____

20 ___ • _____

_____

_____

_____

_____

MARCH

10

What was the last movie you rented?

20 ___ • _____

_____

_____

_____

_____

20 ___ • _____

_____

_____

_____

_____

20 ___ • _____

_____

_____

_____

_____

20 ___ • _____

_____

_____

_____

_____

MARCH

Who won the Super Bowl? Do you care?

20___ • _____

_____

_____

_____

_____

20___ • _____

_____

_____

_____

_____

20___ • _____

_____

_____

_____

_____

20___ • _____

_____

_____

_____

_____

MARCH

12

Where do you see yourself
in five years?

20 ___ • _____
_____
_____
_____
_____

20 ___ • _____
_____
_____
_____
_____

20 ___ • _____
_____
_____
_____
_____

20 ___ • _____
_____
_____
_____
_____

MARCH

If you could add one hour to your day, what would you do with it?

20___ • _____
_____
_____
_____
_____

20___ • _____
_____
_____
_____
_____

20___ • _____
_____
_____
_____
_____

20___ • _____
_____
_____
_____
_____

MARCH

14

If you had to teach an academic
subject, what would it be?

20 ___ • _____

_____

_____

_____

_____

20 ___ • _____

_____

_____

_____

_____

20 ___ • _____

_____

_____

_____

_____

20 ___ • _____

_____

_____

_____

_____

MARCH

What's your most challenging
assignment right now?

20 ___ • _____

_____

_____

_____

_____

20 ___ • _____

_____

_____

_____

_____

20 ___ • _____

_____

_____

_____

_____

20 ___ • _____

_____

_____

_____

_____

MARCH

16

When was the last time you
properly brushed your teeth?

20 ___ • _____

_____

_____

_____

_____

20 ___ • _____

_____

_____

_____

_____

20 ___ • _____

_____

_____

_____

_____

20 ___ • _____

_____

_____

_____

_____

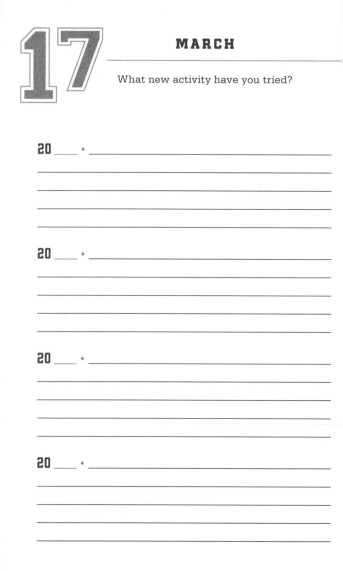

17

MARCH

What new activity have you tried?

20 __ • _____

_____

_____

_____

_____

20 __ • _____

_____

_____

_____

_____

20 __ • _____

_____

_____

_____

_____

20 __ • _____

_____

_____

_____

_____

18

Where did you meet the person
you last spoke to?

20 ___ • _____
_____
_____
_____
_____

20 ___ • _____
_____
_____
_____
_____

20 ___ • _____
_____
_____
_____
_____

20 ___ • _____
_____
_____
_____
_____

19

MARCH

Describe your work ethic.

20 ___ • _____

_____

_____

_____

_____

20 ___ • _____

_____

_____

_____

_____

20 ___ • _____

_____

_____

_____

_____

20 ___ • _____

_____

_____

_____

_____

MARCH

20

Jot down one amazing line
from a book you just read.

20 ___ • _____

_____

_____

_____

_____

20 ___ • _____

_____

_____

_____

_____

20 ___ • _____

_____

_____

_____

_____

20 ___ • _____

_____

_____

_____

_____

21

MARCH

The first thing you ate today
was _____.

20 ___ • _____

_____

_____

_____

_____

20 ___ • _____

_____

_____

_____

_____

20 ___ • _____

_____

_____

_____

_____

20 ___ • _____

_____

_____

_____

_____

MARCH

22

Write down the headline
of a news story from today.

20 ___ • _____

_____

_____

_____

20 ___ • _____

_____

_____

_____

20 ___ • _____

_____

_____

_____

_____

20 ___ • _____

_____

_____

_____

_____

MARCH

What app do you use most?

20 _____ • _____

_____

_____

_____

_____

20 _____ • _____

_____

_____

_____

_____

20 _____ • _____

_____

_____

_____

_____

20 _____ • _____

_____

_____

_____

_____

MARCH

24

When was the last time you
went out to a restaurant? Where?

20 ___ • _____

_____

_____

_____

_____

20 ___ • _____

_____

_____

_____

_____

20 ___ • _____

_____

_____

_____

_____

20 ___ • _____

_____

_____

_____

_____

MARCH

_____

makes you laugh.

20 ___ • _____
_____
_____
_____
_____

20 ___ • _____
_____
_____
_____
_____

20 ___ • _____
_____
_____
_____
_____

20 ___ • _____
_____
_____
_____
_____

Who do you aspire to be like?

20 ___ • _____

_____

_____

_____

_____

20 ___ • _____

_____

_____

_____

_____

20 ___ • _____

_____

_____

_____

_____

20 ___ • _____

_____

_____

_____

_____

27

MARCH

When was the last time you fell asleep before 10:30 P.M.?

20___ • _____

_____

_____

_____

_____

20___ • _____

_____

_____

_____

_____

20___ • _____

_____

_____

_____

_____

20___ • _____

_____

_____

_____

_____

MARCH

28

Any big papers or exams
coming up? Are you prepared?

20 ___ • _____

_____

_____

_____

_____

20 ___ • _____

_____

_____

_____

_____

20 ___ • _____

_____

_____

_____

_____

20 ___ • _____

_____

_____

_____

_____

MARCH

What's the hardest thing
you did this week?

20 ___ • _____

20 ___ • _____

20 ___ • _____

20 ___ • _____

When's the last time you danced?

20 ___ • _____

_____

_____

_____

_____

20 ___ • _____

_____

_____

_____

_____

20 ___ • _____

_____

_____

_____

_____

20 ___ • _____

_____

_____

_____

_____

31

MARCH

What inventions can you not
live without?

20 _____ • _____

_____

_____

_____

_____

20 _____ • _____

_____

_____

_____

_____

20 _____ • _____

_____

_____

_____

_____

20 _____ • _____

_____

_____

_____

_____

APRIL

What's the plan for today?

1

20 ___ • _____

_____

_____

_____

_____

20 ___ • _____

_____

_____

_____

_____

20 ___ • _____

_____

_____

_____

_____

20 ___ • _____

_____

_____

_____

_____

APRIL

Who do you feel closest to?

20 ___ • _____

_____

_____

_____

20 ___ • _____

_____

_____

_____

20 ___ • _____

_____

_____

_____

20 ___ • _____

_____

_____

_____

APRIL

Did you have fun today? Because?

3

20 ___ • _____

_____

_____

_____

20 ___ • _____

_____

_____

_____

20 ___ • _____

_____

_____

_____

20 ___ • _____

_____

_____

_____

APRIL

What's your favorite class right now?

20 ___ • _____

_____

_____

_____

_____

20 ___ • _____

_____

_____

_____

_____

20 ___ • _____

_____

_____

_____

_____

20 ___ • _____

_____

_____

_____

_____

APRIL

What are you wearing?

5

20___ • _____

_____

_____

_____

_____

20___ • _____

_____

_____

_____

_____

20___ • _____

_____

_____

_____

_____

20___ • _____

_____

_____

_____

_____

APRIL

What was the last take-out meal
you ordered?

20 ___ • _____

_____

_____

_____

_____

20 ___ • _____

_____

_____

_____

_____

20 ___ • _____

_____

_____

_____

_____

20 ___ • _____

_____

_____

_____

_____

APRIL

7

Did you send someone a message today?
How?

20 ___ • _____
_____
_____
_____
_____

20 ___ • _____
_____
_____
_____
_____

20 ___ • _____
_____
_____
_____

20 ___ • _____
_____
_____
_____

When was the last time you showered?

20 ___ • _____

_____

_____

_____

_____

20 ___ • _____

_____

_____

_____

_____

20 ___ • _____

_____

_____

_____

_____

20 ___ • _____

_____

_____

_____

_____

APRIL

Where do you feel most at home?

9

20 ___ • _____

_____

_____

_____

_____

20 ___ • _____

_____

_____

_____

_____

20 ___ • _____

_____

_____

_____

_____

20 ___ • _____

_____

_____

_____

_____

APRIL

Write down your favorite moments
of spring break.

20 ___ • _____

_____

_____

_____

_____

20 ___ • _____

_____

_____

_____

_____

20 ___ • _____

_____

_____

_____

_____

20 ___ • _____

_____

_____

_____

_____

APRIL

11

Who is your favorite professor
this semester?

20 ___ • _____

_____

_____

_____

_____

20 ___ • _____

_____

_____

_____

_____

20 ___ • _____

_____

_____

_____

_____

20 ___ • _____

_____

_____

_____

_____

12

APRIL

Write a new fact you recently learned.

20 __ • _____

_____

_____

_____

_____

20 __ • _____

_____

_____

_____

_____

20 __ • _____

_____

_____

_____

_____

20 __ • _____

_____

_____

_____

_____

APRIL

13

What's your favorite thing to do
on a Sunday morning?

20 ___ • _____

_____

_____

_____

_____

20 ___ • _____

_____

_____

_____

_____

20 ___ • _____

_____

_____

_____

_____

20 ___ • _____

_____

_____

_____

_____

APRIL

What's one thing you have to do today
that you're not looking forward to?

20 ___ • _____

_____

_____

_____

_____

20 ___ • _____

_____

_____

_____

_____

20 ___ • _____

_____

_____

_____

_____

20 ___ • _____

_____

_____

_____

_____

APRIL

15

What current trend do you wish
you could pull off?

20 ___ • _____

_____

_____

_____

_____

20 ___ • _____

_____

_____

_____

_____

20 ___ • _____

_____

_____

_____

_____

20 ___ • _____

_____

_____

_____

_____

16

APRIL

What's a political issue that
interests you?

20 ___ • _____

_____

_____

_____

_____

20 ___ • _____

_____

_____

_____

_____

20 ___ • _____

_____

_____

_____

_____

20 ___ • _____

_____

_____

_____

_____

APRIL

17

What do you think is your biggest shortcoming?

20____ • _____

_____

_____

_____

_____

20____ • _____

_____

_____

_____

_____

20____ • _____

_____

_____

_____

_____

20____ • _____

_____

_____

_____

_____

APRIL

Write down a problem
you solved today.

20 ___ • _____

_____

_____

_____

_____

20 ___ • _____

_____

_____

_____

_____

20 ___ • _____

_____

_____

_____

_____

20 ___ • _____

_____

_____

_____

_____

APRIL

19

If you could eat anything you
wanted right now, what would it be?

20 ___ • _____

20 ___ • _____

20 ___ • _____

20 ___ • _____

APRIL

Where's your favorite place
on campus?

20___ • _____

20___ • _____

20___ • _____

20___ • _____

21

What do you want to say when
someone asks "What do you do?"

20 ___ • _____
_____
_____
_____
_____

20 ___ • _____
_____
_____
_____
_____

20 ___ • _____
_____
_____
_____
_____

20 ___ • _____
_____
_____
_____
_____

APRIL

Seen any good movies recently?

20 ___ • _____

_____

_____

_____

_____

20 ___ • _____

_____

_____

_____

_____

20 ___ • _____

_____

_____

_____

_____

20 ___ • _____

_____

_____

_____

_____

APRIL

23

What's the heaviest book
in your room?

20 ___ • _____

_____

_____

_____

_____

20 ___ • _____

_____

_____

_____

_____

20 ___ • _____

_____

_____

_____

_____

20 ___ • _____

_____

_____

_____

_____

APRIL

Who is your role model?

20 ___ • _____
_____
_____
_____
_____

20 ___ • _____
_____
_____
_____
_____

20 ___ • _____
_____
_____
_____
_____

20 ___ • _____
_____
_____
_____
_____

APRIL

25

Who do you need to call?

20 ___ • _____

_____

_____

_____

_____

20 ___ • _____

_____

_____

_____

_____

20 ___ • _____

_____

_____

_____

_____

20 ___ • _____

_____

_____

_____

_____

APRIL

Are you wearing socks?

20 ___ • _____

_____

_____

_____

_____

20 ___ • _____

_____

_____

_____

_____

20 ___ • _____

_____

_____

_____

_____

20 ___ • _____

_____

_____

_____

_____

APRIL

27

What did you think about on the
walk to your most recent class?

20 ___ • _____

_____

_____

_____

_____

20 ___ • _____

_____

_____

_____

_____

20 ___ • _____

_____

_____

_____

_____

20 ___ • _____

_____

_____

_____

_____

APRIL

Where do you study?

20 ___ • _____

_____

_____

_____

_____

20 ___ • _____

_____

_____

_____

_____

20 ___ • _____

_____

_____

_____

_____

20 ___ • _____

_____

_____

_____

_____

APRIL

29

What did you do last night?

20 ___ • _____

_____

_____

_____

_____

20 ___ • _____

_____

_____

_____

_____

20 ___ • _____

_____

_____

_____

_____

20 ___ • _____

_____

_____

_____

_____

APRIL

Write three words to describe
your social life.

20 ___ • _____

_____

_____

_____

_____

20 ___ • _____

_____

_____

_____

_____

20 ___ • _____

_____

_____

_____

_____

20 ___ • _____

_____

_____

_____

_____

MAY

You are lucky—how so or not so?

1

20 ___ • _____

_____

_____

_____

_____

20 ___ • _____

_____

_____

_____

_____

20 ___ • _____

_____

_____

_____

_____

20 ___ • _____

_____

_____

_____

_____

MAY

Is anything making you anxious right now?

20 __ • _____

_____

_____

_____

20 __ • _____

_____

_____

_____

20 __ • _____

_____

_____

_____

20 __ • _____

_____

_____

_____

MAY

What do you miss most about home?

3

20 ___ • _____

_____

_____

_____

_____

20 ___ • _____

_____

_____

_____

_____

20 ___ • _____

_____

_____

_____

_____

20 ___ • _____

_____

_____

_____

_____

4

MAY

When was the last time you went swimming?

20 ___ •

20 ___ •

20 ___ •

20 ___ •

MAY

Who are three people who shaped
your year?

20 __ • _____
_____
_____
_____
_____

20 __ • _____
_____
_____
_____
_____

20 __ • _____
_____
_____
_____
_____

20 __ • _____
_____
_____
_____
_____

MAY

6

What was the last party you went to?

20____ • _____

_____

_____

_____

_____

20____ • _____

_____

_____

_____

_____

20____ • _____

_____

_____

_____

_____

20____ • _____

_____

_____

_____

_____

What books are currently in your backpack?

20 __ • _____
_____
_____
_____
_____

20 __ • _____
_____
_____
_____
_____

20 __ • _____
_____
_____
_____
_____

20 __ • _____
_____
_____
_____
_____

MAY

What was the last thing that made
you laugh hysterically?

20____ • _____

_____

_____

_____

_____

20____ • _____

_____

_____

_____

_____

20____ • _____

_____

_____

_____

_____

20____ • _____

_____

_____

_____

_____

How tired are you?

20 ___ • _____
_____
_____
_____
_____

20 ___ • _____
_____
_____
_____
_____

20 ___ • _____
_____
_____
_____
_____

20 ___ • _____
_____
_____
_____
_____

10

MAY

What's your dream internship?

20 ___ • _____

_____

_____

_____

_____

20 ___ • _____

_____

_____

_____

_____

20 ___ • _____

_____

_____

_____

_____

20 ___ • _____

_____

_____

_____

_____

MAY

What song lyrics describe your life
right now?

11

20 ___ . _____

_____

_____

_____

_____

20 ___ . _____

_____

_____

_____

_____

20 ___ . _____

_____

_____

_____

_____

20 ___ . _____

_____

_____

_____

_____

12

MAY

What's the last thing that made
you feel proud?

20 ___ • _____

_____

_____

_____

_____

20 ___ • _____

_____

_____

_____

_____

20 ___ • _____

_____

_____

_____

_____

20 ___ • _____

_____

_____

_____

_____

MAY

13

Who inspires you to be better?

20 ___ • _____

_____

_____

_____

_____

20 ___ • _____

_____

_____

_____

_____

20 ___ • _____

_____

_____

_____

_____

20 ___ • _____

_____

_____

_____

_____

14

MAY

When was your last drink?

20___ • _____

_____

_____

_____

_____

20___ • _____

_____

_____

_____

_____

20___ • _____

_____

_____

_____

_____

20___ • _____

_____

_____

_____

_____

MAY

15

What celebrity do you wish
could be your best friend?

20 ___ • _____

_____

_____

_____

_____

20 ___ • _____

_____

_____

_____

_____

20 ___ • _____

_____

_____

_____

_____

20 ___ • _____

_____

_____

_____

_____

MAY

What's the most exotic food you've
tried recently? Did you like it?

20 ___ • _____

_____

_____

_____

_____

20 ___ • _____

_____

_____

_____

_____

20 ___ • _____

_____

_____

_____

_____

20 ___ • _____

_____

_____

_____

_____

MAY

Who do you owe a thank-you?

17

20 ___ • _____

_____

_____

_____

_____

20 ___ • _____

_____

_____

_____

_____

20 ___ • _____

_____

_____

_____

_____

20 ___ • _____

_____

_____

_____

_____

18

MAY

Are you trying to break a habit?
Or start a new one?

20 ___ • _____

_____

_____

_____

_____

20 ___ • _____

_____

_____

_____

_____

20 ___ • _____

_____

_____

_____

_____

20 ___ • _____

_____

_____

_____

_____

What's your GPA right now?

20 ___ • _____

_____

_____

_____

_____

20 ___ • _____

_____

_____

_____

_____

20 ___ • _____

_____

_____

_____

_____

20 ___ • _____

_____

_____

_____

_____

MAY

Which family member
are you closest to?

20 __ • _____

_____

_____

_____

_____

20 __ • _____

_____

_____

_____

_____

20 __ • _____

_____

_____

_____

_____

20 __ • _____

_____

_____

_____

_____

Who do you wish you could change?

20 ___ • _____

_____

_____

_____

_____

20 ___ • _____

_____

_____

_____

_____

20 ___ • _____

_____

_____

_____

_____

20 ___ • _____

_____

_____

_____

_____

MAY

What don't you understand?

20 ___ • _____

_____

_____

_____

_____

20 ___ • _____

_____

_____

_____

_____

20 ___ • _____

_____

_____

_____

_____

20 ___ • _____

_____

_____

_____

_____

What's your hair style?

20 ___ • _____

_____

_____

_____

_____

20 ___ • _____

_____

_____

_____

_____

20 ___ • _____

_____

_____

_____

_____

20 ___ • _____

_____

_____

_____

_____

MAY

What motivated you today?

20 ___ • _____

20 ___ • _____

20 ___ • _____

20 ___ • _____

MAY

25

If you could travel anywhere
tomorrow, where would you go?

20 ___ • _____

_____

_____

_____

_____

20 ___ • _____

_____

_____

_____

_____

20 ___ • _____

_____

_____

_____

_____

20 ___ • _____

_____

_____

_____

_____

MAY

What did you eat for breakfast?

20 __ • _____

_____

_____

_____

_____

20 __ • _____

_____

_____

_____

_____

20 __ • _____

_____

_____

_____

_____

20 __ • _____

_____

_____

_____

_____

MAY

27

What's your mission?

20 ___ • _____

_____

_____

_____

_____

20 ___ • _____

_____

_____

_____

_____

20 ___ • _____

_____

_____

_____

_____

20 ___ • _____

_____

_____

_____

_____

MAY

What was the last global event
that had a big impact on you?

20 ___ • _____

_____

_____

_____

_____

20 ___ • _____

_____

_____

_____

_____

20 ___ • _____

_____

_____

_____

_____

20 ___ • _____

_____

_____

_____

_____

When did you last get into
a fight? Who was it with?

20 ___ • _____
_____
_____
_____
_____

20 ___ • _____
_____
_____
_____
_____

20 ___ • _____
_____
_____
_____
_____

20 ___ • _____
_____
_____
_____
_____

MAY

Look up.
Describe what you see.

20 __ • _____

_____

_____

_____

_____

20 __ • _____

_____

_____

_____

_____

20 __ • _____

_____

_____

_____

_____

20 __ • _____

_____

_____

_____

_____

How did the last book you read end?

31

20 ___ • _____

_____

_____

_____

_____

20 ___ • _____

_____

_____

_____

_____

20 ___ • _____

_____

_____

_____

_____

20 ___ • _____

_____

_____

_____

_____

JUNE

On a scale of 1 to 10, how healthy are you?

20 ___ • _____

_____

_____

_____

_____

20 ___ • _____

_____

_____

_____

_____

20 ___ • _____

_____

_____

_____

_____

20 ___ • _____

_____

_____

_____

_____

JUNE

How has your style changed from last year?

20 ___ • _____

_____

_____

_____

_____

20 ___ • _____

_____

_____

_____

_____

20 ___ • _____

_____

_____

_____

_____

20 ___ • _____

_____

_____

_____

_____

JUNE

Who do you miss the most right now?

20____ • _____

_____

_____

_____

_____

20____ • _____

_____

_____

_____

_____

20____ • _____

_____

_____

_____

_____

20____ • _____

_____

_____

_____

_____

What's your dream job?

20 ___ • _____
_____
_____
_____
_____

20 ___ • _____
_____
_____
_____
_____

20 ___ • _____
_____
_____
_____
_____

20 ___ • _____
_____
_____
_____
_____

JUNE

What was the last fruit you ate?

20 ___ • _____

_____

_____

_____

_____

20 ___ • _____

_____

_____

_____

_____

20 ___ • _____

_____

_____

_____

_____

20 ___ • _____

_____

_____

_____

_____

JUNE

6

Who was the last person to make
you feel sad?

20 ____ • _____

_____

_____

_____

_____

20 ____ • _____

_____

_____

_____

_____

20 ____ • _____

_____

_____

_____

_____

20 ____ • _____

_____

_____

_____

_____

When was the last time you fell in love?

20 ___ • _____

_____

_____

_____

_____

20 ___ • _____

_____

_____

_____

_____

20 ___ • _____

_____

_____

_____

_____

20 ___ • _____

_____

_____

_____

_____

JUNE

What's your guilty pleasure?

8

20 ___ • _____

_____

_____

_____

_____

20 ___ • _____

_____

_____

_____

_____

20 ___ • _____

_____

_____

_____

_____

20 ___ • _____

_____

_____

_____

_____

JUNE

What makes a good friend?

20 ___ • _____

_____

_____

_____

_____

20 ___ • _____

_____

_____

_____

_____

20 ___ • _____

_____

_____

_____

_____

20 ___ • _____

_____

_____

_____

_____

JUNE

10

What is the most ridiculous
fad of the year?

20 ___ • _____

20 ___ • _____

20 ___ • _____

20 ___ • _____

11

How do you feel about your body?

20 ___ • _____

_____

_____

_____

_____

20 ___ • _____

_____

_____

_____

_____

20 ___ • _____

_____

_____

_____

_____

20 ___ • _____

_____

_____

_____

_____

JUNE

12

What was the last thing
you discovered?

20 ___ • _____

_____

_____

_____

_____

20 ___ • _____

_____

_____

_____

_____

20 ___ • _____

_____

_____

_____

_____

20 ___ • _____

_____

_____

_____

_____

JUNE

How many alcoholic beverages
did you have yesterday?

20 ___ • _____

_____

_____

_____

_____

20 ___ • _____

_____

_____

_____

_____

20 ___ • _____

_____

_____

_____

_____

20 ___ • _____

_____

_____

_____

_____

JUNE

14

Did you exercise today?

20 ___ • _____

_____

_____

_____

_____

20 ___ • _____

_____

_____

_____

_____

20 ___ • _____

_____

_____

_____

_____

20 ___ • _____

_____

_____

_____

_____

15

JUNE

What's the most recurrent
thought in your mind?

20 ___ • _____

_____

_____

_____

_____

20 ___ • _____

_____

_____

_____

_____

20 ___ • _____

_____

_____

_____

_____

20 ___ • _____

_____

_____

_____

_____

16

What do you want from others?

20 ___ • _____

_____

_____

_____

_____

20 ___ • _____

_____

_____

_____

_____

20 ___ • _____

_____

_____

_____

_____

20 ___ • _____

_____

_____

_____

_____

17

JUNE

On a scale of 1 to 10, how was
your lunch today?

20____ • _____

_____

_____

_____

_____

20____ • _____

_____

_____

_____

_____

20____ • _____

_____

_____

_____

_____

20____ • _____

_____

_____

_____

_____

18

Who was the last person
to leave you a voicemail?

20 _____ • _____

_____

_____

_____

_____

20 _____ • _____

_____

_____

_____

_____

20 _____ • _____

_____

_____

_____

_____

20 _____ • _____

_____

_____

_____

_____

19

JUNE

What was the last plan you made?

20 ___ • _____

_____

_____

_____

_____

20 ___ • _____

_____

_____

_____

_____

20 ___ • _____

_____

_____

_____

_____

20 ___ • _____

_____

_____

_____

_____

JUNE

20

Write the first sentence
of your autobiography.

20 _____ • _____

_____

_____

_____

_____

20 _____ • _____

_____

_____

_____

_____

20 _____ • _____

_____

_____

_____

_____

20 _____ • _____

_____

_____

_____

_____

21

JUNE

What's the last meal someone
cooked for you?

20 ___ •

20 ___ •

20 ___ •

20 ___ •

JUNE

22

What's the most embarrassing thing
that happened to you this month?

20 ___ • _____

_____

_____

_____

_____

20 ___ • _____

_____

_____

_____

_____

20 ___ • _____

_____

_____

_____

_____

20 ___ • _____

_____

_____

_____

_____

JUNE

When was the last time you cried?

20 ___ • _____

_____

_____

_____

_____

20 ___ • _____

_____

_____

_____

_____

20 ___ • _____

_____

_____

_____

_____

20 ___ • _____

_____

_____

_____

_____

JUNE

24

What's the last movie
you saw in a theater?

20 ___ • _____
_____
_____
_____
_____

20 ___ • _____
_____
_____
_____
_____

20 ___ • _____
_____
_____
_____
_____

20 ___ • _____
_____
_____
_____
_____

JUNE

What article of clothing
do you wear most frequently?

20 ___ • _____

_____

_____

_____

_____

20 ___ • _____

_____

_____

_____

_____

20 ___ • _____

_____

_____

_____

_____

20 ___ • _____

_____

_____

_____

_____

26

What was the last thing you
did that you later regretted?

20 ___ • _____
_____
_____
_____
_____

20 ___ • _____
_____
_____
_____
_____

20 ___ • _____
_____
_____
_____
_____

20 ___ • _____
_____
_____
_____
_____

JUNE

When was the last time
you ate pizza? What kind?

20 ___ • _____

_____

_____

_____

_____

20 ___ • _____

_____

_____

_____

_____

20 ___ • _____

_____

_____

_____

_____

20 ___ • _____

_____

_____

_____

_____

JUNE

28

What's something you
haven't told anyone (yet)?

20 ___ • _____
_____
_____
_____
_____

20 ___ • _____
_____
_____
_____
_____

20 ___ • _____
_____
_____
_____
_____

20 ___ • _____
_____
_____
_____
_____

JUNE

What's your summer job?

20 ___ • _____

_____

_____

_____

_____

20 ___ • _____

_____

_____

_____

_____

20 ___ • _____

_____

_____

_____

_____

20 ___ • _____

_____

_____

_____

_____

JUNE

30

If you were going to start your
own company, what would it be?

20 ___ • _____
_____
_____
_____
_____

20 ___ • _____
_____
_____
_____
_____

20 ___ • _____
_____
_____
_____
_____

20 ___ • _____
_____
_____
_____
_____

JULY

What hobby do you want to try?

20 ___ • _____

_____

_____

_____

20 ___ • _____

_____

_____

_____

20 ___ • _____

_____

_____

_____

20 ___ • _____

_____

_____

_____

JULY

How did you start your day?

2

20 ___ • _____

_____

_____

_____

_____

20 ___ • _____

_____

_____

_____

_____

20 ___ • _____

_____

_____

_____

_____

20 ___ • _____

_____

_____

_____

_____

JULY

Who is your current celebrity crush?

20 ___ • _____

_____

_____

_____

_____

20 ___ • _____

_____

_____

_____

_____

20 ___ • _____

_____

_____

_____

_____

20 ___ • _____

_____

_____

_____

_____

JULY

4

Did you see any fireworks this year?
Where?

20 ___ • _____

_____

_____

_____

_____

20 ___ • _____

_____

_____

_____

_____

20 ___ • _____

_____

_____

_____

_____

20 ___ • _____

_____

_____

_____

_____

5

JULY

What book would you recommend
to someone?

20 ___ • _____

_____

_____

_____

_____

20 ___ • _____

_____

_____

_____

_____

20 ___ • _____

_____

_____

_____

_____

20 ___ • _____

_____

_____

_____

_____

JULY

Who is your closest friend right now?

20 ___ • _____

_____

_____

_____

_____

20 ___ • _____

_____

_____

_____

_____

20 ___ • _____

_____

_____

_____

_____

20 ___ • _____

_____

_____

_____

_____

7

JULY

When was the last time you checked
a social network site?

20 ___ • _____

_____

_____

_____

20 ___ • _____

_____

_____

_____

20 ___ • _____

_____

_____

_____

20 ___ • _____

_____

_____

_____

JULY

Who did you eat your most recent
meal with?

8

20 ___ • _____

20 ___ • _____

20 ___ • _____

20 ___ • _____

JULY

Today was delightful because
_____.

20___ • _____
_____
_____
_____
_____

20___ • _____
_____
_____
_____
_____

20___ • _____
_____
_____
_____
_____

20___ • _____
_____
_____
_____
_____

10

How would your parents
describe you?

20 ___ • _____
_____
_____
_____
_____

20 ___ • _____
_____
_____
_____
_____

20 ___ • _____
_____
_____
_____
_____

20 ___ • _____
_____
_____
_____
_____

11

JULY

Are you fun?

20 ___ • _____

20 ___ • _____

20 ___ • _____

20 ___ • _____

JULY

12

If you could be *anyone* else for
thirty minutes, who would you be?

20 ___ • _____

_____

_____

_____

_____

20 ___ • _____

_____

_____

_____

_____

20 ___ • _____

_____

_____

_____

_____

20 ___ • _____

_____

_____

_____

_____

13

JULY

What was your last great idea?

20 ___ • _____

_____

_____

_____

_____

20 ___ • _____

_____

_____

_____

_____

20 ___ • _____

_____

_____

_____

_____

20 ___ • _____

_____

_____

_____

_____

JULY

14

You need a new
_____.

20 ___ • _____
_____
_____
_____
_____

20 ___ • _____
_____
_____
_____
_____

20 ___ • _____
_____
_____
_____
_____

20 ___ • _____
_____
_____
_____
_____

JULY

What was the last thing you made?

20 ___ • _____

_____

_____

_____

_____

20 ___ • _____

_____

_____

_____

_____

20 ___ • _____

_____

_____

_____

_____

20 ___ • _____

_____

_____

_____

_____

JULY

16

Do you have any excuses
to celebrate?

20 ___ • _____

_____

_____

_____

_____

20 ___ • _____

_____

_____

_____

_____

20 ___ • _____

_____

_____

_____

_____

20 ___ • _____

_____

_____

_____

_____

JULY

What was the last sweet thing you ate?

20 ___ • _____

_____

_____

_____

_____

20 ___ • _____

_____

_____

_____

_____

20 ___ • _____

_____

_____

_____

_____

20 ___ • _____

_____

_____

_____

_____

JULY

18

What was the last parade
or march you attended?

20 ____ • _____
_____
_____
_____
_____

20 ____ • _____
_____
_____
_____
_____

20 ____ • _____
_____
_____
_____
_____

20 ____ • _____
_____
_____
_____
_____

What was the last selfless act
you performed?

20 ___ • _____

_____

_____

_____

_____

20 ___ • _____

_____

_____

_____

_____

20 ___ • _____

_____

_____

_____

_____

20 ___ • _____

_____

_____

_____

_____

JULY

20

What's your most recent
medical issue?

20 ___ • _____
_____
_____
_____
_____

20 ___ • _____
_____
_____
_____
_____

20 ___ • _____
_____
_____
_____
_____

20 ___ • _____
_____
_____
_____
_____

21

JULY

Who was the last person
to make you angry?

20___ • _____

_____

_____

_____

_____

20___ • _____

_____

_____

_____

_____

20___ • _____

_____

_____

_____

_____

20___ • _____

_____

_____

_____

_____

JULY

Any vacation plans?

22

20 ___ • _____
_____
_____
_____
_____

20 ___ • _____
_____
_____
_____
_____

20 ___ • _____
_____
_____
_____
_____

20 ___ • _____
_____
_____
_____
_____

JULY

What are you afraid of?

20 ___ • _____

_____

_____

_____

_____

20 ___ • _____

_____

_____

_____

_____

20 ___ • _____

_____

_____

_____

_____

20 ___ • _____

_____

_____

_____

_____

JULY

24

What was your last
mode of transportation,
and where did you go?

20 ___ • _____
_____
_____
_____
_____

20 ___ • _____
_____
_____
_____
_____

20 ___ • _____
_____
_____
_____
_____

20 ___ • _____
_____
_____
_____
_____

JULY

What can't you live without?

20 ___ • _____

_____

_____

_____

_____

20 ___ • _____

_____

_____

_____

_____

20 ___ • _____

_____

_____

_____

_____

20 ___ • _____

_____

_____

_____

_____

JULY

26

What was the last
fast food you ate?

20 ___ • _____
_____
_____
_____
_____

20 ___ • _____
_____
_____
_____
_____

20 ___ • _____
_____
_____
_____
_____

20 ___ • _____
_____
_____
_____
_____

JULY

What was the last natural
disaster to make the news?

20____ • _____

_____

_____

_____

_____

20____ • _____

_____

_____

_____

_____

20____ • _____

_____

_____

_____

_____

20____ • _____

_____

_____

_____

_____

JULY

28

Write a phrase to describe
your year so far.

20 ___ • _____

_____

_____

_____

_____

20 ___ • _____

_____

_____

_____

_____

20 ___ • _____

_____

_____

_____

_____

20 ___ • _____

_____

_____

_____

_____

What sets you apart?

20 ___ • _____

_____

_____

_____

_____

20 ___ • _____

_____

_____

_____

_____

20 ___ • _____

_____

_____

_____

_____

20 ___ • _____

_____

_____

_____

_____

JULY

30

What was the last rule
you broke?

20 ___ • _____

_____

_____

_____

_____

20 ___ • _____

_____

_____

_____

_____

20 ___ • _____

_____

_____

_____

_____

20 ___ • _____

_____

_____

_____

_____

31

JULY

What has changed the most
since this time last year?

20 ___ • _____
_____
_____
_____
_____

20 ___ • _____
_____
_____
_____
_____

20 ___ • _____
_____
_____
_____
_____

20 ___ • _____
_____
_____
_____
_____